PA RA NO IA

Maria Madalena Magnabosco

PARANOIA

Artesã

Paranoia
1ª edição

COORDENAÇÃO EDITORIAL
Karol Oliveira

DIREÇÃO DE ARTE
Tiago Rabello

REVISÃO
Monica Fernandino

CAPA
Karol Oliveira

PROJETO GRÁFICO E DIAGRAMAÇÃO
Marcos Digues

M196 Magnabosco, Maria Madalena.
Paranoia. - Maria Madalena Magnabosco. – Belo Horizonte : Ed. ArteSã, 2019.
100 p. ; 21 cm.
ISBN: 978-85-7074-039-7
1.Psicopatologia. 2. Psicologia existencial. 3. Psicologia fenomenológica. I. Título
CDU: 159.97

Catalogação: Aline M. Sima CRB-6/2645

IMPRESSO NO BRASIL
Printed in Brazil

(31)2511-2040 (31)99403-2227
www.artesaeditora.com.br
Rua Rio Pomba 455, Carlos Prates - Cep: 30720-290 | Belo Horizonte - MG
/artesaeditora

Aos filhos, que por literalidades não germinaram, mas brevemente permitiram olhares renovados sobre os sentidos da vida, das convivências e de aprendizagens sobre o amor.

O amor

Khalil Gibran

Quando o amor vos chamar, segui-o,
Embora seus caminhos sejam agrestes e escarpados;
E quando ele vos envolver com suas asas, cedei-lhe,
Embora a espada oculta na sua plumagem possa ferir-vos;
E quando ele vos falar, acreditai nele,
Embora sua voz possa despedaçar vossos sonhos
Como o vento devasta o jardim.
Pois, da mesma forma que o amor vos coroa,
Assim ele vos crucifica.
E da mesma forma que contribui para vosso crescimento,
Trabalha para vossa poda.
E da mesma forma que alcança vossa altura
E acaricia vossos ramos mais tenros que se embalam ao sol,
Assim também desce até vossas raízes
E as sacode no seu apego à terra.
Como feixes de trigo, ele vos aperta junto ao seu coração.
Ele vos debulha para expor vossa nudez.
Ele vos peneira para libertar-vos das palhas.
Ele vos mói até a extrema brancura.
Ele vos amassa até que vos torneis maleáveis.
Então, ele vos leva ao fogo sagrado e vos transforma
No pão místico do banquete divino.(...)

Do livro: O Profeta – Gibran Khalil Gibran

A porta do quarto solitário se abriu, e ouve-se o chamado. O coração da sombra lateja com medo, porque chegou a hora do encontro.

Tagore
(*A colheita*, p. 85)

PREFÁCIO

Prefaciar implica tornar presente um direcionamento de sentidos, sustentados por valores que dirigem a percepção e organizam o olhar para um determinado fenômeno. A intencionalidade sustentada por esta escrita advém de um olhar da Psicologia Fenomenológico-Existencial, a qual, segundo Heidegger, questiona o sentido do Ser.

Quem é o Ser? Como Ser? Para quê? Essas são perguntas ontológicas, ou melhor dizendo, perguntas que nos abrem para as tarefas ontológicas e noéticas do existir.

A ontologia do existir é cuidadosa construção das condições fundantes de qualquer humano que se coloque na incessante tarefa de se compreender e coexistir em seu aí. Ser-aí é ser nas condições de possibilidades que as relações com o mundo de significados nos brindam, sempre lembrando que elas são indeterminadas e, portanto, não definitivas.

Como indeterminadas, permitem-nos aberturas e consequentes transcendências, ou seja, ir além do dado, do já pensado e significado pela cultura que encontramos quando adentramos a vida. A abertura é a dádiva para a constante criação de um próprio que não é meramente individual, no sentido de individualismo egocêntrico, mas que necessita da inter-relação para que possa, no cotidiano das convivências, lapidar sentidos que acessem o espírito em nossas tarefas ontológicas.

Não é fácil essa construção de sentido, pois ele não vem dado *a priori*. Sentido é construção de vozes e gestos que permitem evocações do que nos afeta e nos confere direções mais autênticas no processo do conviver humano. Como construção, não podemos nos apegar às literalidades de sentidos dados, ou seja, não podemos responder da mesma forma a todas as perguntas que a vida nos coloca.

Para cada pergunta, é necessário um novo olhar, um diferente ouvir, um outro perceber, senão corremos o risco de respondermos com pensamentos já pensados, sem ouvirmos os apelos que nosso espírito requisita no aí. Esse espírito, como o ar, é sempre renovado a cada inspiração e expiração. Se respondermos do mesmo modo, alteramos a respiração e perdemos o ritmo, a troca necessária para a oxigenação naquele momento e circunstância.

O espírito, como o *nous,* nos invoca e evoca transcendências, solicitando irmos além do dado para que possamos construir existências autênticas em um constante iniciar Ser. Ser de criações, de inter-relações que traduzam o sentimento maior que nos move: o amor à co-construção de uma semelhança humana.

Sem este amor de semelhança, diferenciamo-nos para obtermos poder. Não o poder das possibilidades, mas o poder de mando, de hierarquias e de necessidades literais em que a metáfora e a *poiesis* não geram ressonâncias.

Neste poder literal, mediante a força que fazemos para estarmos acima/abaixo de, e não ao lado de, perdemo-nos em discursos e argumentos que nos restringem ao que o espírito nos invoca: a poética expressão do Ser.

Este livro é uma tentativa de resgatarmos a memória da poética expressão do ser.

Ainda há tempo!

Ainda podemos nos cuidar para o resgate dessa memória!

Maria Madalena Magnabosco
2019

SUMÁRIO

INTRODUÇÃO

Este livro é continuidade da edição anterior de *Outras Palavras em Psicopatologia*. Todo o conteúdo tem por fundamentação os princípios da Antropologia Filosófica de Hanz Gadamer (1977), os quais buscam uma compreensão do homem a partir do horizonte da cultura e do tempo histórico em que está inserido.

Nesse sentido, o objetivo não é uma descrição sintomática, mas uma busca dos modos de expressão do homem diante de algumas questões básicas do existir, nas quais ele se percebe com restrições de possibilidades e de liberdade para ser autêntico, para se lembrar que sua ontologia é húmus, terra fértil que devolve frutos próprios em seu constante poder ser. Assim, teremos uma mudança de paradigma, a qual requer lentes novas para que se possa olhar de maneira diversa o tesouro de nossa constituição como *noeisis*.

Com relação à patologia apresentada, veremos que ela se manifesta diante de contextos que revelam uma restrição maior quanto à liberdade para expressar o próprio ser; ou seja, a pessoa, muitas vezes, fica sem alternativas saudáveis para se afinar com o mundo circundante, principalmente pela redução da compreensão de uma racionalidade com significados fechados em certezas por leituras únicas e literais.

A patologia que conheceremos - a partir de uma compreensão da cultura contemporânea, baseada na racional literalidade do rendimento, desigualdade e exclusão - é modo de expressão que traduz os impasses, as dificuldades e os possíveis movimentos para lidar com as relações de poder. Tais relações estruturam e sustentam valores em convivências pautadas pela propriedade, *status*, mando e obediência, mérito e castigo, primazias que sustentam uma ideologia fundamentalista. Diante de tais relações, encontramos as expressões das fronteiras rígidas manifestadas por ressentimento, desconfiança e por mudos segredos como a outra face da moeda do poder.

As fronteiras existem como forma de delimitação de territórios. Elas, ao mesmo tempo, delimitam e permitem negociações. O problema é que, em uma cultura de rendimento, desigualdades e exclusões por desejos de unificar as diferenças, o outro, o diverso torna-se um estranho que ameaça a integridade, mesmo que ninguém saiba em que consiste essa integridade.

Para nos defendermos, aprendemos a erigir barreiras e facilmente nos encerramos em nós mesmos. Como consequência, perdemos a permeabilidade, a semelhança, a troca, a reciprocidade e vivemos em guerra com a alteridade que mora dentro e fora de nós. Essa é a obstrução original das fronteiras que fabricamos: a vedação estanque de um modo de pensar e viver no mundo.

Tal vedação cria a ilusão de estarmos protegidos pela espessura da parede, principalmente pela interdição da construção de relações humanas com outros que não nos são íntimos, mas, antes, são uma ameaça ao nosso território. Nesse sentido, ficamos livres de nos darmos conta de ambivalências e ambiguidades que nos habitam, podendo garantir a certeza de um poder. Poder de nos cercarmos de uma razão que se considera feita, definitiva, cristalizada em certezas. Essa é a pureza do poder: a certeza que nos impede de repensar o próprio pensamento pela aceitação da imposição de concepções de mundo onde a ideologia que predomina é a da negação. Nessa ideologia faz-se presente uma intolerância ao outro, uma naturalização das práticas de exclusão do diferente, uma desconfiança de conhecimentos que possam vir a abalar as crenças do poder, e consequentemente, um ódio ao saber diferenciado que questiona a dominação.

Essa ideologia é o pano de fundo do horizonte histórico e cultural que sustentam os pressupostos e manifestações da patologia que veremos a seguir.

PARANOIA

1. FUNDAMENTOS E PRESSUPOSTOS

Fruto de uma cultura autoritária, empobrecida pela negação do outro e do diálogo, a paranoia, e suas manifestações, revela-se como uma patologia do espírito, do *nous*. Por pertencer simbolicamente à dimensão do ar, do sopro, a paranoia é uma patologia que não tem fundamentação em bases biológicas, tal como as demais estudadas pela Psicopatologia Clássica.

Sua questão básica, nesse contexto de uma dificuldade em lidar com o *nous*, é a certeza da perda da unidade de ser e consequente percepção da mesma por uma literarização de sentidos, pelo enrijecimento das fronteiras relacionais onde a permeabilidade não se faz presente. Em outras palavras, há uma adaptação que se manifesta com uma adesão à objetividade do mundo onde se dá uma priorização do verossímil (do que parece ser na materialidade objetiva) em detrimento ao reconhecimento da anterioridade ontológica que nos constitui como humanos.

Diante do emparedamento e empoderamento das fronteiras para se garantir a razão objetiva das interpretações precisas, a imposição de uma concepção de mundo, todo significado é tomado ao pé da letra, sem a fluidez dos tempos-espaços onde reside a metáfora que é própria para acessarmos o *nous*, o ar que refrigera outros modos de perceber e compreender a si e ao mundo.

Segundo Campell (2002, p. 11),

> A palavra metáfora provém do grego meta, que indica uma passagem, ou um ir de um lugar para outro e de *forein*, mover ou carregar.
>
> Metáforas nos carregam de um lugar para outro; nos capacitam a cruzar fronteiras que, de outra maneira, estariam fechadas para nós. Verdades espirituais que transcendem o tempo e o espaço só podem ser transportadas em receptáculos metafóricos cujo significado é encontrado em suas conotações, ou seja, no grande número de testemunhos das múltiplas faces da verdade que espontaneamente evocam, não em suas denotações, os invólucros duros, fatuais, unidimensionais de sua referência histórica.

A literaridade e sua unidimensionalidade do olhar, sentir e organizar a percepção é reconhecida como um modo do homem contemporâneo proteger-se, do perceber-se finito e contraditório, sem o domínio racional absoluto do mundo, sem a certeza e garantia de um resultado final que o coloque no centro do poder como razão e verdade sobre si e o outro.

Essa literaridade da razão inquestionável tem por objetivo interditar a criação, o poder ser com, em comunidade de novos sentidos. Qualquer permeabilidade, dialogia e diferença nesse contexto é vivida como perda de poder, fracasso e inferioridade, sendo a metáfora concebida como desejo de enganar alguém.

Assim, o poder da razão tem por objetivo literarizar o corpo e colocá-lo como texto instintivo, o qual deve ser domado, controlado e diagnosticado como doente, quando fora dos padrões normativos do texto religioso, social, estético, cultural, histórico e político em que se vive.

Ao corpo não literal ou fora dos ditames e performances contemporâneas de razões e desempenhos objetifiicados em resultados e desempenhos só resta a exclusão, a loucura, a morte como impossibilidade eterna da possibilidade de criar. Criar o quê? Criar a si mesmo e todas as vivências de precariedade humana pela arte, pela poesia, pela metáfora que nos redime da textualidade tão presente na insuficiência de nossa finitude; insuficiência essa necessária para buscarmos a reunião na fraternidade e na comunidade.

Criar é poder - não como mando, mas como possibilidade de articular outros significados que mobilizem afetos e percepções sobre o limite de nossa compreensão humana do existir.

A existência, segundo Heidegger (1974), tem a dimensão da transcendência e nos diz que nem tudo pode ser compreendido pela letra, mas antes, necessita do coração. É a perda do coração, da alma, da metáfora que diz sem dizer, que nos permite sair das literalidades que nos petrificam, nos encarceram, nos entristecem, e nos leva ao desejo da força e da certeza como forma de sobrevivermos no mundo da materialidade racional.

Assim, a paranoia "(...) torna-se a letra em si sem qualquer perplexidade para com a novidade de nossos inícios e da existência da transcendência, do espirito em nós" (HILLMAN, 1988, p. 69).

Em função desse modo literal de estabelecer relações e significar o mundo, na paranoia não há alucinações, mas delírios de interpretação, ou seja, uma desordem na interpretação que fazemos dos fatos. Neste sentido, a paranoia consiste em revelar sua inevitabilidade sempre que literarizamos, em nossas vidas privadas ou pública, a busca do oculto, do mistério que escapa à interpretação objetiva da inter-relação homem-mundo.

As desordens de interpretações têm acontecido no quadro político nacional e internacional em que vivemos um clima de perigo, num estado de alma e num estado político de paranoia. "Essa é a realidade arquetípica da polis, da cidades em que vivemos. Estamos atravessando um período quando a racionalidade ocidental não dá mais conta de explicar os comportamentos humanos, pois as verdades eternas que sustentam essas explicações ruíram" (BARCELLOS, 2016 apud HILLMAN, 2002, p. 7-8).

Essa crise tem nos colocado em contato com questões que sempre foram da dimensão da religião e da filosofia, ou seja, a dimensão do espírito, dos valores que sustentam modos diferenciados de lidarmos com o que ainda não se sabe.

Nessa dimensão do espírito, somos obrigados a entrar em contato com o mistério, o oculto, o que ainda não tem nome. No uso da razão ocidental, o mistério, o oculto, o que ainda não tem nome é justaposto a segredo, como se existisse algo a ser revelado por alguém, como se alguém detivesse alguma verdade que deve ser revelada.

Por uma enorme dificuldade em distinguir oculto de segredo, a paranoia se traduz como uma desordem do significado. Ela é uma desordem mental paradigmática, ou seja, queremos compreender os mistérios através da razão, do pensamento e defesas sistematizadas para termos a ilusão de uma razão como sinônimo de verdade, como aparato contra a angústia.

"O delírio interpretativo que se faz presente na paranoia nada mais é que uma intrusão do noético, do espírito na razão do pensamento sistematizado" (HILLMAN, 2016, p. 14), da alteridade que permeia a fronteira, a qual faz com que a consciência do significado e, portanto, da realidade torne-se delirante. Diante do novo, do que ainda não tem nome, a paranoia não consegue estar em harmonia com a ordem do que transcende a letra.

Daí o significado da palavra: Para + Noia (*nous*) = pensamento paralelo, desligado, defeituoso, fora dos trilhos, fora da lera (delera - delírio).

A dificuldade da transcendência e o apego à literalidade ocorre por um estreitamento da racionalidade em compreender a revelação. Nesses momentos, a pessoa crê puerilmente ser escolhida por Deus, ter que pregar uma missão e salvar a humanidade, pelo temor de ver-se cara-a-cara com a revelação da precariedade humana.

Pelo temor de revelação da precariedade, na paranoia acontece uma confusão entre potência como possibilidade de ser e poder de mando e razão sobre algo ou alguém.

Se na precariedade vivenciamos a condição humana fundamental, com a consequência de nos depararmos com nossas contradições, fragilidades, imperfeições, enfim, com a perda da unidade essencial com o divino, necessitamos nesses momentos aprendermos a morrer em nossas potências ilusórias (representações ideais e egóicas) para nascermos em uma potência de inícios, de novos modos de olhar a si e ao mundo.

Entretanto, o horror à vivencia de precariedade é tal que a pessoa - para não entrar em dissociação - nega a potência do iniciar substituindo-a pela potência da onipotência, que em nossa cultura se traduz como potência de mando, de ser alguém especial que possui a chave para a revelação do oculto, do mistério e que, pela autoridade pessoal, irá conduzir os demais seres humanos à salvação de si mesmos (leia-se, ao não contato com a própria indigência e angústia). Aqui se compreende o surgimento de diversos líderes religiosos, gurus, mestres e demais categorias que se propõem a salvar o homem e o mundo através de cultos e ritos religiosos.

Essa busca pela salvação é a literarização do significado: o horror de se deparar com sua indigência, que é lida como inferioridade, subalternidade e morte sem possibilidade de inicios. Assim, "(...) a paranoia anseia pela unidade, mas de modo concreto e não noético" (HILLMAN, 2002, p. 15). Em outras palavras, tudo o que no mundo fenomênico dos homens pode representar uma unidade com o divino é vivenciado ao pé da letra, principalmente nas dimensões da religiosidade e da sexualidade.

Tanto a religião quanto a sexualidade são expressões fenomênicas de como o homem se põe no mundo para compreender-se. Ambas são noéticas, nos reconduzem ao espírito, nos religam, não como reduzidas ao ritual, ao mero fazer na materialidade dos gestos, mas como potências do iniciar, do acessar o mistério no vivido.

Para melhor compreendermos os significados, segundo Japiassú e Marcondes (2008, p. 140):

> Nous (νοὐς): Deriva do Grego Noesis (Vὀησις), 'compreensão imediata, objetiva', termo utilizado por Platão para referir-se ao grau máximo de conhecimento próprio dos Filósofos. Tanto Noesis (Vὀησις) como Gnosis (Γνωσις) possuem a mesma raiz, estando associado ao conhecimento direto, intuitivo e real. Na doutrina Gnóstica, Nous refere-se ao estado de Consciência Objetiva, ou seja, que está perfeitamente desperta em todos os níveis.
>
> Nous. 1. Termo grego que pode ser traduzido por "mente", "espírito" ou "inteligência", e do qual se derivam os termos "noese" e "noema". Em Platão (República, V), designa a parte racional da alma, e em Aristóteles (Tratado da Alma, III, 6; Ética a Nicômaco, VI, 6) refere-se à razão intuitiva, capaz de captar de modo direto os primeiros princípios. Sobretudo no neoplatonismo, esta noção adquire um papel central no desenvolvimento de uma filosofia espiritualista. Em Plotino, o Nous ou Intelecto é a segunda emanação (hipóstase), originária do Uno, que dá origem à Alma do Mundo (Enéades, V)

2. Opõe-se geralmente ao conceito de nous, razão intuitiva, capacidade de acesso direto, imediato ao real, o de dianoia, razão discursiva, que procede por meio de definições e demonstrações.

Noético. Intuitivo, apreendido prediscursivamente, diretamente. Na fenomenologia, o noético é infalível e oposto ao hilético ou material.

Em função do delírio interpretativo, ponto maior da literalidade da paranoia, religião e sexualidade são consideradas em si, na mera concretude do rito e do ato. Por isso, no caso clássico da paranoia (por exemplo, Schreber) existem os delírios com a sexualidade e a religião.

Respaldando em Viktor Frankl (1994, p. 105):

> O que se requer da pessoa, não é aquilo que alguns filósofos existenciais ensinam, ou seja, suportar a falta de sentido da vida; o que se propõe é, antes, suportar a incapacidade de compreender em termos racionais, o fato de que a vida tem um sentido incondicional. O logos é mais profundo do que a lógica.

Na vertente da Psicopatologia de Jaspers, a paranoia, enquanto luta de primazia pela lógica é uma doença do significado. "Todo pensar é um pensar sobre significados". "(...) as experiências dos delírios primários são análogas à percepção dos significados" (HILLMAN, 2002, p. 54).

Ainda segundo o Hillman (2002, p. 55), para Jung e a Psicologia Analítica, o significado quer dizer mais do que significado normalmente significa.

> O significado transcende as explicações do significado. Ele o equaciona com a realidade do espírito. O significado é mais que semântico, contextual ou mesmo hermenêutico; é cosmológico, de forma que a luta da alma com o significado, quer seja em Jó ou em cada paciente, é, em última análise, uma luta com Deus, com o espirito, com o cosmos.

Nesse contexto, para não entrarmos em paranoia, não podemos apreender o significado ao pé da letra, mas, antes, duvidar e perguntar.

A dúvida, e consequente pergunta que inicia outras possibilidades, é imprescindível para a paranoia, a qual se baseia em verdades incorrigíveis. A incorrigibilidade é o estigma que distingue a verdadeira paranoia.

Assim, uma alternativa para os delírios de interpretação é o humor, etimologicamente, voltar o olhar para outras direções recebendo outras sonoridades pela *poiesis*, pela

> (...) imagem poética, pois somente através dela não cometemos o assassinato da alma, onde a mensagem revelatória é recebida de modo literal". ... A loucura da paranoia é o literalismo: "o espírito fala poeticamente, mas o demente toma o sentido literal. (HILLMAN, 2002, p. 69)

Sem a permeabilidade das fronteiras do olhar, a paranoia não consegue transcender por não ter o riso, o humor, a graça e o espírito. Precisamos de um olhar-ouvido metafórico que brinca e ri para não entrarmos na seriedade incorrigível da desconfiança, da revelação como segredo, da hipervigilancia de tudo ao redor, dado o temor de perdermos o controle de tudo e todos. "Afinal, o sentido está além da letra, o sentido é sempre irônico" (MERLEAU-PONTY, 1974, p. 44).

> Lakoff & Johnson demonstram, no livro *The metaphors we live by*, 1980, que os processos do pensamento humano são amplamente metafóricos. Não mais considerada uma simples figura de linguagem, com o único objetivo de ornamentar, é hoje um fenômeno discursivo de valor cognitivo, orientador de nosso pensamento e de nossas ações. A sua construção pressupõe um grau avançado de percepção e de abstração, uma vez que a metáfora advém de uma comparação entre coisas que poderiam soar como dife-

> rentes, mas aquele que a cria percebe não só as diferenças quanto as semelhanças entre os elementos aludidos (DELL'ISOLA, 1998 apud ANASTÁCIO; SILVA, 2008, p. 48).

Por este viés, somente o poético nos tira da literalidade, da perda do noético, pois o poético deixa o significado perplexo, onde o humor o transporta, prevenindo a prisão ao texto revelatório. Quando prisioneiros dos textos (pé da letra) entramos em autorreferência, que se constituí no conhecido delírio de grandeza da paranoia no qual ampliamos nossa a importância pessoal. Em outras palavras, no qual negamos que a palavra seja relacional e a transformamos em um algoritmo que se restringe à nomeação de um objeto por um sujeito. Por esta restrição ocorrem os erros de interpretação e a autorreferência, pois a pessoa não se transporta para uma outra perspectiva, reduzindo tudo à sua perspectiva literal.

Desliterarizar os significados dados pela cultura e sustentados por uma primazia de razão é a própria revelação do oculto, da metáfora. Só concebemos oculto como segredo quando estamos na literarização, na espacialização de posições e lugares. Oculto, diferentemente de segredo, é uma categoria da existência e quer apenas dizer interioridade, potencialidade de ser e morte de cada fenômeno. O oculto não está em um lugar, em uma pessoa, em um ritual, em um modo enrijecido de percepção e ação, mas antes, ele se revela no não lugar do lugar, ou seja, no tempo que nos permite ver e sentir o ainda não visto e sentido.

> Segundo Gasset, ao enfatizar e chamar a nossa atenção para certas características do objeto, esse fato permite ver algo essencial" (apud HARRIES 1992, p. 85). É, nessa busca de um insight, de uma revelação, que transcende a própria imagem, que as metáforas são amplamente usadas. Tal elemento, que surge da ampliação dos sentidos textuais, lhes incute um cunho novo de ressignificação, convidando o elemento 'surpresa' a comparecer a esse processo mediador. É esse elemento surpresa responsável pelo insight que ocorre na mente de quem consegue perceber o jogo semântico instaurado pela ambiguidade da metáfora, a qual torna o texto mais visual, mais plástico, mais elástico e, consequentemente, menos rígido. E ao emprestar um traço de visualidade ao discurso faz com que o intérprete consiga perceber ou visualizar, por meio de uma transmissão ao mesmo tempo meio velada de sentidos, algo que antes não conseguira captar. (ANASTÁCIO; SILVA, 2008, p. 52)

Diante das fundamentações anteriores manifesta-se um cenário curioso para o estabelecimento de relações no modo contemporâneo, o qual aponta para o horror ao elemento surpresa que nos leva a uma dúvida e pergunta permitindo ressignificar e desliterarizar. Esse modo é poeticamente expresso por um poema de Ho Chi Min em seu *Diário de prisão* (1971):

> Há ainda uma coisa estranha nesse mundo:
> As pessoas correm para aprisionar suas pernas em grilhões, uma vez acorrentadas podem dormir em paz,
> Do contrário não teriam onde recostar suas cabeças.

Busca-se a liberdade e aprisiona-se o movimento das pernas; buscam-se novidades e aprisiona-se nas zonas de conforto tão conhecidas do já pensado; buscam-se parcerias e aprisiona-se em relações fluídas que não permitem intimidade e reconhecimento da condição humana.

Para uma continuidade da compreensão de como sustentamos esses aprisionamentos aprofundaremos um pouco mais no desenvolvimento das ideias valorizadas em fundamentalismos únicos que interditam *poiesis,* sopros e metáforas.

A PSICODINAMICA DA PARANOIA

2. SENTIMENTOS DE BASE E SUAS REPERCUSSÕES

2.1. Crenças e certezas

Pelo exposto anteriormente sobre literalidade, a paranoia pode ser considerada uma das psicopatologias mais fechadas, pois nela não há diálogos em função do sujeito buscar, como expressão de sua razão, a máxima coerência entre ele e o outro. Neste contexto de eliminação das diferenças, a paranoia é a expressão da busca de certeza e controle absolutos sobre o mundo e o outro.

Uma certeza se constrói em torno de um sistema de crenças, as quais assumem um caráter afetivo inquestionável, já que filtradas pelas pessoas significativas de nossa vida. Nesse sentido, são as expressões maiores da cultura e do poder como representativo da verdade que não podem ser questionadas.

A crença gera uma pureza sustentada pelo não questionamento e torna-se elemento de eficácia mágica no modo de estabelecer relações. Pela pureza do não questionar, torna-se um jogo de juízos de valores. Partindo desse pressuposto da pureza como um modo de ser que não questiona, as ideias sobrevalorizadas nada mais são que crenças com eficácia mágica.

Resumindo, as ideias fundamentalistas são crenças que possuem uma eficácia mágica, ou seja, frente a um sinal, a pessoa crê ser aquele sinal, ela se torna e se reduz no sinal (raciocínio concreto). Há um aprisionamento à emocionalidade, na reação imediata advinda do contato com a palavra ouvida, que adquire um peso e significado maiores do que efetivamente têm. Esse peso e hipersignificação advinda da emocionalidade leva à interpretação. Neste contexto, interpretar é um aprisionamento, uma redução da pessoa ao que foi dito sobre ela; redução esta que altera a percepção e autoimagem em consequência da realização de um juízo de valor.

Assim, quando alguém é possuído por uma crença torna-se predador e, para cumprir a eficácia da ideia fundamentalista, precisa eliminar a outra pessoa, a qual se torna o alvo nesse modo de se posicionar diante do mundo. O alvo transforma-se no inimigo a ser retido e contido.

Esse modo de se colocar em relação é típico de sistemas de poder autoritário, em que manda quem pode e obedece quem tem juízo. Em outras palavras, esse é o poder cujos lugares são definidos pela literalidade, pelo que você tem, pelos grupos a que você pertence, pelas pessoas de quem você é próxima e pelas esferas de influências que se empenham na manutenção da literarização do mundo (ideias preconcebidas que se tornam dispositivos de criação de racionalidades e hábitos gestuais e linguísticos).

Diante tal pressuposição de mundo e relações, os sistemas de poder aparecem quando há conflitos latentes na estrutura de valor de mando e influência. É o tão conhecido jargão definido por Roberto da Matta (1997): "você sabe com quem está falando?".

Nesse contexto, as aproximações são aparentemente amigáveis, mas escondem intenções hostis. São nessas aproximações dúbias que se iniciam as simulações e dissimulações da paranoia sobre os motivos da aproximação e distanciamento das pessoas.

Por exemplo, diante uma ideia hipervalorizada e literarizada na certeza, a pessoa fará de tudo para ter controle total do outro. Nas palavras de Geertz (1989), se colocará como "quase amiga e quase estranha", apenas para se assegurar de que retém o outro, mas já tendo a certeza do domínio sobre ele. Esse é um modo de simular, de parecer ser para estabelecer uma luta de poder, de mostrar que se é mais forte, mais esperto que o outro.

Nesse modo crédulo, pois literal e pouco reflexivo, a pessoa funciona ao nível da repercussão. Uma palavra, gesto, sinal atuam como um ricochete onde todo corpo é mobilizado e preparado fisioemocionalmente para o combate.

O sentimento motivador do ricochetear é o ressentimento, pois a ideia valorizada como fundamento a ser cumprido acontece por uma distorção afetivo perceptiva da pessoa que não conseguiu ouvir metaforicamente e levou literalmente para o lado pessoal como um ataque de ofensa.

Vejamos alguns possíveis modos expressões de tal repercussão nas relações interpessoais:

1. Insinuações através de gestos e palavras – de que a pessoa não está se enquadrando dentro de um valor (por exemplo: sucesso econômico); valor este que a pessoa toma como identidade.
2. Após a insinuação vem o ódio, com o qual a pessoa inicia a perseguição ao outro. Aqui ocorre uma reversibilidade de papéis em que, de prisioneira da palavra emocional, a pessoa passa ao papel de perseguidor.
3. Como perseguidor, inicia uma série de metamorfoses agressivas:
   a. Transforma-se em perseguidor e muda seu papel no jogo, de forma a obstaculizar os movimentos do adversário.

b. Transforma as regras do jogo e os combinados ao bel prazer usando de dubiedade e ambiguidade. Arma ciladas para o adversário.
c. Com essa transformação, sai do papel de vítima para inocente (eu não tinha esta intenção). Preserva-se a pureza pela boa intenção.
d. Usa de aproximação amigável com intenção hostil e instiga o adversário até que este se torne prisioneiro. Como prisioneiro, o adversário também violenta por ódio. Aqui se cumpre o objetivo: o perseguidor atinge o alvo de abater o adversário pela nova inversão de papéis. Se torna a vítima, o inocente que foi abatido sem saber porque. Nisso está sua vitória, pois recupera sua identidade pela vingança - na qual restaura a literalidade da ordem.

A pessoa, nesse contexto, apenas inverte a relação vertical, mas continua presa de um modo crédulo e supersticioso, ou seja, de uma crença na inevitabilidade de certos efeitos, diante dos quais se obriga a determinadas privações ou ações. É o que conhecemos como crença mágica no destino (CHAUÍ, 1984).

2.2 Ressentimento e mudez

Todas essas possíveis expressões são sustentadas pelo motivador ressentimento. O que qualifica esse sentimento? O ressentimento é um sentimento ilhado em que se vive e revive quando não se pode, ou melhor, não se deve sair de uma ordem em relação ao modo de se ver. Pertence à ordem dos submissos, própria de quando a pessoa se percebe pela opressão e submissão a um julgamento enrijecido e literal de si mesmo.

O ressentimento tem a função de não revelar o segredo, que nada mais é que a crença em que a pessoa não se sente superior. O viver e reviver obcecadamente é para impedir o conhecimento, a curiosidade e a pergunta. Ressentir, segundo Nietzsche (1983), em *Genealogia da moral,* é próprio dos escravos, daqueles que se consideram desacreditados por não se encaixarem nas categorias do dever ser, da imagem ideal que os orienta.

A mudez, característica maior dos ressentidos, dá-se por não poderem revelar quais crenças organizam seus mundos - que são as mesmas da classe de pessoas que consideram dominantes e que, em seu olhar literal, os excluí. Na mudez, eles segredam tudo o que vivenciam em si com pobreza; tudo que consideram menos e não pode ser revelado. Confundem a vulnerabilidade e miserabilidade humanas com inferioridade e fracasso.

O segredo é este sentimento ilhado que impede a pessoa de se revelar em sua precariedade humana; sentimento este que irá governar toda a vida da pessoa dando a tonalidade de suas vivências. Conviver com segredos, com o que não pode ser dito, pesa as relações, pois o que se quer esconder acaba se tornando presença absoluta e a pessoa só se avalia frente aquela situação e sentimento.

Esta é a avaliação seletiva própria do ressentido, seu delírio de interpretação. Ele só lembra do que lhe convém para reafirmar a crença de não ser e, dessa forma, cumprir a ordem da inocência e pureza, a qual se pauta pelo fundamento do mal-estar fora, no mundo. Segundo Walnice Galvão (1972), em *Formas do falso*, o segredo escraviza ambos os lados da relação, por tornar-se um pacto no reciprocamente morto. Aqui a pessoa reafirma as formas do falso ao se garantir nas certezas do não-ser.

Para melhor compreendermos essa mudez, realizaremos uma reflexão sobre o conto Maria Mutema, presente no livro *Grande sertão: veredas*, de Guimarães Rosa (1986). Maria Mutema era uma mulher que sempre se vestia de preto e era de pouco falar. Sua confissão mentirosa ao padre Ponte (afirmando que matara o marido por fogo de amor ao padre) foi uma confirmação do falso para edificação do mal. O mal nada mais é do que aquilo que fica parado e detido. Sua redenção foi colocar para fora o que havia feito (matar o marido) e sua transformação só foi possível pela explicitação do ato e, a partir disso, pela mobilidade e fluidez da vivencia detida.

Ainda segundo Galvão (1972), a mentira nada mais é que uma transformação do que é móvel em uma bola sólida, parada e detida, que mata ao obstruir o ouvido. A mentira transforma-se em uma certeza que traz danos tanto ao agente quanto ao receptor.

Assim, segundo o desfecho do conto de Maria Mutema, podemos nos livrar do mal falando, comunicando-nos através da tessitura da narrativa. Através da fala, é possível o perdão, ou seja, não fixar a pessoa na maldade, pois ela pode mudar. Quando não falamos, resguardamos o ódio e é ele quem mata e provoca a morte de outros pela detenção da palavra, que é fluída e não pode solidificar-se.

Deter é firmar certezas, as quais matam e danam por firmarem solidificações no que é fluido: a vida. Deter é obstruir comunicações. Obstruímos todas as vezes em que cristalizamos e endurecemos a percepção do humano. Esse é o resíduo do mal, pois no endurecimento do olhar e no ajuizar fechamos a abertura para a transformação via narrativa.

A cristalização torna a palavra, o outro, o sentimento em algo repulsivo (hostil) e mau. O contido cristalizado, endurecido, dá gastura (nojo) e produz rumor na audição (ruído comunicativo que estremece e leva a distorções de interpretação e sentido). Esse é o problema da irritabilidade do ouvir nas relações: um estreitamento de consciência em relação ao que ouvimos e vemos, um nojo do que é ouvido e visto.

Nesse estreitamento de consciência, expresso pela irritabilidade, temos dificuldades em perceber bem e mal como contrários, sem a divisão maniqueísta que torna a presença do mal como suficiente para invalidar completamente o outro. Por uma concepção de pureza (constrição), o mal é recebido como nojento, um bicho repulsivo a ser eliminado pela indiferença ao outro ou pelo encobrimento do mesmo em si. Em ambos, ocorre a mudez pelo endurecimento da percepção do humano, já que é retirado da categoria da mobilidade, da transformação pela relação com o outro.

O contido é assim denominado porque concebido como vil, mal, de que se tem aversão. Segundo Galvão (1972), ele aparece na categoria de bichos vis e inferiores, como rã, sapo, cobra, aranha, lagartixa - que são considerados os bichos mais primitivos, rudimentares e degradados dos seres vivos. Eles podem ser expressos pela categoria de maus sentimentos, em imagens de elementos como barro, lama, água escura, buracos escuros, coisas pegajosas, viscosas, secreções do corpo humano.

Quando na presença deles, vivencia-se uma degradação, que nada mais é que a subvalorização do humano, sentimento que advém dos valores de Perfeição = Obediência extrema aos valores considerados como certos.

O Diabo, o Mal, implica essa certeza de pequenas paradas e constrições que se ganha ou se tenta ganhar, dentro da incerteza geral que é o fluir, onde tudo se transforma, onde uma coisa sai de outra e desta outra sai outra. A esperança está em quebrar a coisa que está dentro da outra, admitindo-se que dentro da coisa internada pode haver uma abertura. (GALVÃO, 1972).

Tentar parar este fluir é tarefa do Diabo. Nos dizeres de Guimarães Rosa: "Deus é Paciência. O contrário é o Diabo" (ROSA, 1986, p. 65).

A certeza entranhada, o contido, desvirtua a manifestação dos sentimentos, tal como diz Guimarães Rosa sobre Diadorim: "suspira de ódio como se fosse de amor" (ROSA, 1986, p. 97).

O objetivo dessas pequenas paradas e certezas é a obstrução da comunicação: manter a certeza para se obter a primazia pelo sacrifício violento da não transformação. É o caso da paranoia: não se nomear para ser nomeado pelo outro (regra, lei, guia, etc.) e perpetuar o determinismo da marca da natureza humana como decaída e má. Isto é transferir a responsabilidade de seu destino para um outro e se livrar da percepção do mal, pois, ao assim fazer, o mal é o outro.

Nesse caso, mal é quando se sente e não se sabe como colocar para o outro, ficando o sentimento ilhado e amordaçado. Essa é a pureza paranóica, ou seja, o máximo da literal reprodução social no quesito da perfeição e não fragilidade. Sua mudez ressentida torna-se a expressão do nojo de si por estar fora da estereotipia social.

Ser autêntico, no sentido de poder ser com, é estar com aberturas para movimentos e sentimentos fora da unicidade dessa reprodução social. O paranóico deseja ser o mesmo, ou seja, ser a própria assimilação da cultura e valores que considera dominantes, a ponto de sentir nojo de si quando fora deles. A busca pelo mesmo, pela pureza, leva a uma falsa consciência de si, e a pessoa fica facilmente divisível, ou seja, ela sempre usa dois pesos e duas medidas para se avaliar: quer ao mesmo tempo o reino e a manutenção da alma.

Neste caso, a pureza é a busca da inteira imobilidade de modo a realizar o perfeito, e não o possível. No contexto da pureza e perfeição, a falta é constantemente evidenciada, e o clima do segredo não é a desordem, mas a certeza de uma crença.

2.3. Desconfiança e segredo

Frente ao segredo, aparece a desconfiança (O que vão pensar de mim?). A desconfiança tem por objetivo manter o temor e gerar uma coesão nos grupos e pares de forma a não haver questionamentos. Quem não protege, quem não salva o outro no grupo, é visto como traidor e recebe muita sanção.

Assim, a pessoa mantém segredo para manter sua adesão a pessoas e grupos. Busca e valora adesões, e não a compreensão. Essa proteção consiste em dar razão ao litígio. Ocorre quando a pessoa está deformando a percepção dos fatos em favor dela mesma e não pode denunciar esse ato.

O que a pessoa vivencia como pobreza é o limite humano de não compreender todo o mistério que atravessa a existência. Nesse contexto de poder, o limite é vivenciado como humilhação. Daí a necessidade do segredo, pois ele não é só da pessoa em questão, mas de um grupo, pois para se ter segredo necessitamos do outro.

Retomando as estruturas de poder presentes na paranoia, explicitaremos de modo mais amplo a diferenciação entre oculto e segredo, e como ela se apresenta na dimensão da religião e sexualidade.

Oculto é o que não se revela, enquanto o segredo supõe algo escondido a ser revelado. Assim, em nossa cultura de literalidades, mandos, desigualdades e exclusões existe uma justaposição entre oculto e segredo, situação em que o mistério é concebido como algo escondido que alguém especial irá descobrir e revelar.

Esta justaposição leva à necessidade da manutenção de segredos para se sentir alguém especial. O segredo torna-se, neste contexto, a base da paranoia. Diante desta justaposição, podemos compreender os delírios interpretativos e religiosos. A pessoa busca a união no espírito, mas o faz de modo literal. Sempre vê segredo onde não consegue lidar com o mistério, com o oculto, com a transcendência que atualiza a unidade na existência do ser. Assim, a pessoa não consegue integrar os opostos e os lê ao pé-da-letra, sendo que a presença de um oposto implica a exclusão do outro.

A unidade no espírito (*nous*) é a união criadora e geradora, a qual - no delírio interpretativo - é literarizada principalmente em genitálias. A sexualidade literarizada revela a dificuldade de contato com o uno, com a transcendência, pela cisão presente no raciocínio de exclusão.

Assim, o problema maior da pessoa nesses delírios literais é com a própria criação. A pessoa não consegue construir vivências de integração e de autorrealização que traduzam uma satisfação consigo, uma possibilidade do próprio. Como acredita no segredo, busca sempre no outro a revelação que lhe falta para completar não sua transcendência, mas a razão de sua certeza: a crença em que o outro tem algo que eu não tenho, em que preciso desse algo para me sentir incluído.

Caso o outro não lhe dê os elementos que completem sua razão e certeza, iniciam-se interrogatórios infindáveis, busca por contradições e o consequente abatimento do outro, que é colocado no lugar de algoz e traidor. Iniciam-se também as manipulações pela culpa, por ameaças, violência verbal, gestual e pela indiferença - que é o modo de aniquilar psiquicamente para que o outro se desintegre e fique na posição de prisioneiro. Desintegrada, a pessoa se torna elemento fácil para a projeção da dualidade não integrada do outro, a qual é concebida como um mal a ser eliminado.

Diante de tais modos de estabelecer relações com o mundo, podemos pensar que a paranoia é uma problematização do espírito que perdeu a unidade no nascimento. Nascer em um corpo é se defrontar com o constante trabalho de reintegrar-se. Essa é a dificuldade de lidar com o limite e com sua leitura como pobreza. Essa é a origem do segredo paranoico. Sem a integração aparece o problema da rejeição, o qual nada mais é que a vivência de queda do Éden. Tal queda é vivida como ruína, como estar fora da possibilidade de existir como unidade em si e não no outro. O outro é visto aqui como aquele que roubou a unidade, que desvelou a nudez e provocou a vergonha, a impotência, a pobreza pela percepção da incompletude.

Paradoxalmente, o paranoico deseja transgredir, mas não o faz pela busca da transcendência em si; pelo contrário, literariza pelo verbo, pelo gesto, a traição que lhe é própria. Ele se trai ao não desenvolver as construções que lhe permitirão uma experiência de reconhecimento de si, de reintegração consigo próprio. Ele utiliza as ferramentas que lhe possibilitariam essa reintegração de modo cru, sem a consideração em relação à mística que elas portam. Assim, tudo é ao pé-da-letra e o uso das ferramentas se torna instrumental. O corpo é instrumental, o sexo, a religião, os rituais, pois eles vêm para servir a confirmação da exclusão.

Nesse sentido, o paranóico transgride, mas não transcende, ficando sempre vazio de si e necessitando da constante repetição para preencher o que, desse modo, nunca será preenchido. Age como no mito do Tonel das Danaides, as quais buscam encher um barril que é sem fundo e furado dos lados. Por mais que coloquem água, nunca encherá.

Nas convivências cotidianas - baseadas nessa dinâmica - podemos nos perguntar qual reação se expressa, naqueles que têm uma experiência de não integração, quando diante do outro?

Para exemplificar essa dinâmica recorrerei a um conto de Clarice Lispector.

2.4. Literalidade e deformação do rosto

No conto "Ele me bebeu", integrante de *A via crucis do corpo* (LISPECTOR, 1974), Aurélia Nascimento é esvaziada de identidade a partir do uso da maquiagem, e se torna estrangeira para si mesma, já que é caracterizada como uma mulher que sempre ocultava a sua aparência, usando peruca, cílios postiços, lentes de contato e seios postiços, mascarando seu corpo.

Desse modo, ao se deparar com o espelho, Aurélia não se reconhece, pois a maquiagem desempenha a função de máscara. A personagem tem um amigo chamado Serjoca, que lhe incentiva os desejos de mudança física e torna-se seu confidente. Juntos dividem táxis, saem para tomar drinques, até que surge Affonso Carvalho e, a partir de uma carona oferecida, estremece a relação dos amigos. Assim, as narrativas são marcadas a partir do momento em que se inicia uma disputa entre a figura da mulher *versus* a do homem.

Nesse conto, a linguagem - que causa estranheza, mas também que é esclarecedora - promove a articulação entre o corpo e o desejo, o real e o ficcional,, para tratar da dissolução da identidade vinculada não só a Aurélia, mas também à própria linguagem, aquela que nomeia - a linguagem bruta e não metafórica.

O conto gira em torno de três personagens - Aurélia, Serjoca e Affonso - que se encontram um dia em frente ao Copacabana Palace. Serjoca era maquiador e amigo de Aurélia, sempre que ela queria ficar bonita pedia para ser maquiada por ele. Aurélia "(...) se vestia bem. Era caprichada. Usava lentes de contato e seios postiços. (...) Serjoca também era bonito. Era magro e alto" (LISPECTOR, 1974, p. 47).

Quando os dois conhecem Affonso, este logo fica interessado por Aurélia e ela corresponde, porém Serjoca "(...) também fica aceso por Affonso" (LISPECTOR, 1974, p. 49). Com o passar do tempo e com os encontros que vão acontecendo, Affonso começa a notar mais Serjoca, e fica claro, no conto, que se sente atraído por ele também.

Aurélia, ao perceber o jogo de sedução que se estabelece entre os três, cria uma fissura e questiona-se sobre si mesma, sobre sua individualidade, sobre tudo que começa a perceber.

> Então, enquanto era maquilada, pensou: Serjoca está me tirando o rosto.
> A impressão era a de que ele apagava os seus traços: vazia, uma cara só de carne. Carne morena.
> Sentiu mal-estar. Pediu licença e foi ao banheiro para se olhar no espelho. (...) Serjoca tinha anulado o seu rosto. Mesmo os ossos tinham desaparecido. Ele está me bebendo, pensou, ele vai me destruir. E é por causa do Affonso. (LISPECTOR, 1974, p. 50)

Depois desse episódio, Aurélia voltou para sua casa, tomou banho, pensando: "(...) daqui a pouco ele me tira o corpo também" (LISPECTOR, 1974, p. 51).

O desfecho do conto se dá nesse momento de inquietações, quando Aurélia percebe que o que parecia ser seu não era, ela se "escondia" atrás das maquiagens, dos seios postiços e da lente de contato; ela, nesse momento, era nada; para se encontrar precisava se desfigurar de alguma forma, se despersonalizar do papel que recaiu sobre ela.

> Foi ao espelho. Olhou-se profundamente. Mas ela não era mais nada.

> Então - então de súbito deu uma bruta bofetada no lado esquerdo do rosto. Para se acordar. Ficou parada olhando-se. E, como se não bastasse, deu mais duas bofetadas na cara. Para encontrar-se.
> E realmente aconteceu.
> No espelho, viu enfim um rosto humano, triste, delicado. Ela era Aurélia Nascimento. Acabara de nascer. Nas-ci--men-to. (LISPECTOR, 1974, p. 51)

O conto de Clarice nos apresenta expressões de dinâmicas relacionais contemporâneas, ou seja, modos de se colocar a partir da in-diferença nas relações. Esse modo de expressão adquire o significado de roubar ou desfigurar o rosto de outrem, pois a pessoa não é percebida em sua singularidade e presença, necessitando sempre de aparatos para esconder-se de si. Nas palavras de Byuing Chul Han (2013), a negatividade do outro é desconsiderada em uma sociedade que valoriza a questão do ter e parecer ou da positividade do desempenho e resultado.

Na postura do parecer, do desempenhar para ter o melhor resultado (no conto, isso é percebido quando Serjoca, para conseguir Affonso, estabelece uma disputa com Aurélia), a in–diferença se expressa por negar ao outro um rosto que o acolhe. É colocar o outro no horror do vazio, do não-ser (deformar o rosto com a maquiagem). É desnudar de modo cruel a perda da integração que se expressa na singularidade e mistério do rosto. Diante disto, se a pessoa não nasce (como ocorre com Aurélia após perceber sua própria deformação), o resultado é uma busca de encontrar o outro e a voz naquele que recusou ser presença e presenciar. Nesse movimento, a pessoa acredita que o outro tem o poder de revelar a face, mas nessa relação de deformação pela in-diferença não acontece a revelação, pois quem deu a in-diferença também não tem face.

Rosto ou face são fundamentais para a constituição do ser nas relações humanas. O rosto apresenta o mistério, enquanto a máscara, a objetificação e a literalidade. O rosto assinala que o homem nasce com uma indagação, que desdobra ao longo da vida e que jamais é respondida. Ser indagação é acordar surpreendido pelo destino humano. O mistério coloca-se frente ao homem, com as questões do nascer, do outro, do convívio entre outros, da geração, da precariedade da vida, da morte e da pergunta que sempre se renova (SAFRA, 2004).

A principal dificuldade sobre essa privação de possibilidade do mistério do rosto é a objetificação da máscara simplificar as perguntas sobre as questões do existir humano e gerar uma ilusão sobre o existir como uma quantificação de significados únicos no tempo e espaço relacional. Tais objetificação e quantificação justapõem máscara a rosto, transformando a abertura em superfície plana e lisa, tal como um espelho de Narciso. Por mais sedutora que seja tal justaposição, ela não sustenta a ilusão quantitativa por longo tempo, pois é da constitucionalidade do existir humano a necessidade de relações humanas interpessoais, o testemunhar o mistério do rosto.

A in-diferença relacional oferece respaldo e respostas imediatas, mas essas nem sempre tornam presentes o viver, sentir, o compartilhar como semelhança humana na receptividade do ser. Suas respostas são da dimensão cognitiva, da racionalidade positiva do homem e da negação da profundidade das relações. Tal positividade implica uma desconsideração da vivência, da sensorialidade do sofrimento. Essas são respostas que invalidam a vivência, a angústia, o sofrimento e obrigam o homem a se colocar a máscara da aparência e inatingibilidade das questões originárias como: o tempo, as perdas, as crises, as angústias, as dores, os sofrimentos, a liberdade, a morte e o espírito.

Viver como máscara entre máscaras é produzir uma zona de conforto onde a liberdade e a angústia são recusadas como fundamentos da abertura do ser. Atrás da máscara não há nada, apenas a literalidade interpretativa.

Sem a presença do mistério do rosto, o homem entra no horror de não-ser e na precariedade do existir, o que gera o sofrimento das angústias pesadas. Nestas, deseja-se a morte, dado o sofrimento de não ter recursos simbólicos e psíquicos que deem contorno e presentação significativa às próprias vivências. Nesses contextos, expressa-se o nada da máscara, o vazio da representação literal, sendo o sofrimento um pedido da presença do ser e da metáfora nas relações.

O erro que se incorre ao tomar a in-diferença do outro como a expressão de um mal em si é o mesmo: acreditar que a integração dos opostos virá pelo outro e não pelo próprio reconhecimento de si como um ser que se constrói. Assim, não há pobreza, há caminhos a construir, há vozes próprias a se reconhecer, há sempre novas perguntas a se fazer: Será que essa relação está propiciando encontros e transcendências?

A partir do conto, percebemos como é fácil entrarmos na dinâmica relacional que justapõe oculto e segredo, e como é tentador permanecer na busca literal de um valor próprio através da adesão a um outro que tem o poder de objetificar lugares e posições.

Retomaremos, após a apresentação do conto e seus desdobramentos na compreensão do que é literalizar o rosto do outro, o conceito e fundamentos do ressentimento, por ser ele o sentimento básico que sustenta a deformação do outro pela maquiagem.

2.5. Os sentimentos do ressentimento

Conceitualmente, o ressentimento é um estado anímico no qual as pessoas se consomem em uma tortura pior que as mais infernais das imaginadas vinganças. Os sentimentos que compõem o ressentimento são: inveja, vingança, ojeriza, nojo, perfídia, hostilidade e traição.

Vimos em Nietzsche (1983) que o ressentido possui uma história de servidão na qual a certeza de servir o azedou, explicitando um humor lamentoso e pessimista. O desconsolo diante da servidão transforma o humor em azedume, irritabilidade e antipatia.

Nesse modo anímico, a pessoa se faz de pobre homem, com afetação de zelo, com ar de tudo sofrer, os olhos no chão, mas se rói por dentro. Aí vem uma inquietação nervosa, os tiques e a pele esverdeada de bílis. Com isto, "(...) a necessidade de se constranger trouxe-lhe o hábito de odiar" (CARDOSO, 1999, p. 175). Esta é uma frase presente no livro *Crônica de uma casa assassinada*, de Lucio Rodrigues (1999), onde Ana, muito semelhante a Maria Mutema, era uma mulher que vivia calada, pelos cantos, sem expressões de vida e se ocupava em servir e vigiar Nina, a qual era considerada por Ana uma mulher bonita, mas volúvel, que ao expressar seus desejos explicitava o segredo de Ana: a pobreza de se criar como mulher e de comunicar seu poder ser.

Por este viés relacional de uma servidão empobrecida, o outro é o inimigo e o tirano, quando sua presença revela a diferença, a alteridade, a presença de uma vida negada que o ressentido impõe a si próprio.

Para sustentar essa concepção servil, a pessoa entra em hipersensibilidade, típica das ideias sobrevalorizadas e de suas autorreferências, estado em que tudo o que o outro diz afeta e fere. Somente considera os aparatos, os tons de voz, o que não é essencial para reafirmar o hábito de se constranger e ver o outro como inimigo.

Em tais modos relacionais, o outro fica em dívida com a pessoa e ela se julga vagamente roubada quando este outro não lhe devolve aquilo a que imagina ter direito.

Percebemos que o ressentido pede condescendência o tempo todo. A pessoa com estes valores, falsifica a realidade, pois fica sem critérios para perceber a si e ao outro na relação. O sentimento de menos valia que sustenta esse modo de relacionar surge na maneira como se compara com os demais. Na comparação ocorre um erro: tudo se torna apenas uma ocasião em si indiferente para por fim ao opressivo sentimento de ser menos. Essa é uma comparação ansiosa do ressentido, pois tudo que quer é ser mais e valer mais.

Esse é o valor orientador do ressentido: ser o melhor, aquele que se junta a um sentimento de impotência resguardado pelo segredo de ainda não ser, o qual é interpretado como pobreza. Esse tipo de comparação gera um alto nível de tensão interna que não se resolve de forma ativa. Tal tensão é própria do querer e não poder (necessidade e impotência).

O erro do ressentido está na apreensão da ordem de valores e de realização na vida. Podemos compreender esse erro a partir da estória da Raposa e as Uvas, em cujo final a Raposa desdenha as uvas, distorcendo a percepção e afirmando que as mesmas estão verdes. Este é o surgimento da inveja.

Na inveja há uma inversão dos valores considerados bons e desejados. Ao invertê-los, a pessoa crê que se torna boa, sendo salva do tormento de ter de odiar e vingar. Isso a faz ter a ilusão de que está tudo resolvido, mas o sentimento de ser menos e o ódio estão apenas adormecidos.

Quando a pessoa age com esta inversão compromete sua memória. Não pode se lembrar dos seus desejos, pois os desdenhou por não conseguir estar no topo. Por isso, ela perde contato consigo, por interromper tarefas vitais. Suas invejas vão sendo transformadas em saudades e débitos. Nesse movimento, a pessoa somente se relaciona e vive sem orientar-se para o essencial. Só consegue ver o entorno contabilizador e literal que serve para justificar seus créditos e débitos.

Pelo movimento da comparação que desencadeia invejas e desconexões de si, na paranoia o homem dificilmente, ou quase nunca, consegue perdoar. Ele avalia atentamente e nunca se esquece de nada onde existe algo para ser perdoado; arma-se de pretextos para não perdoar.

Sua principal resistência é para o não perdão. O poderoso nunca perdoa realmente. Todo e qualquer ato de hostilidade permanece rigorosamente registrado: apenas fica encoberto e guardado em reserva. Muitas vezes o perdão é concedido em troca de uma submissão verdadeira. Os atos de generosidade dos poderosos têm sempre esse sentido.

O não poder, expresso através das proibições que se impõe (e esta é sua servidão), existe para sustentar o poder dos que podem punir ou perdoar transgressões. Quando não se pode perdoar, paralisa-se na ação e inicia-se o processo de dizer que as uvas estão verdes.

Tal postura tem o propósito de confirmar que o homem não é potencialmente bom e, assim, pode-se ajuizar e castigar. Paradoxalmente, a pessoa, nessa redução de movimentos vitais, torna-se juiz da humanidade e se auto flagela pela culpa. Em outras palavras, ele se sente mais humano longe de toda essa humanidade. Sem alternativas, confirma-se mais uma vez a literalidade dos sentidos, o enrijecimento das fronteiras, pois está presente a impossibilidade das trocas nas permeabilidades das relações.

Segundo Hannah Arendt (1975), em *A condição humana*, o perdão, enquanto a possibilidade de iniciar, está distante de quem se ressente. Iniciar, transcender, religar, dar-se conta da amplitude do mundo implica sair do já sabido, do já pensado, do já visto, do vivido anteriormente para a construção de novas significações. Essa é a tarefa existencial do homem: iniciar.

Para tanto, é necessário criar e constituir outros mundos pela metáfora. Sem ela, não há como sair da justaposição de impotência e percepção da limitação humana com inferioridade, fracasso, submissão e ser menos. Aliás, essa justaposição acontece pelo deturpar do sentido do ser, ou seja, ser não é perfeição, pois nela há determinismo. Como humanos, somos imperfeitos, pois indeterminados. Construir-se, transformar-se, reconhecer erros e limitações não é vergonha, não é ser menos, não é ser fracassado, é cumprir o movimento do cuidado pela própria existência.

Nos dizeres de Guimarães Rosa (1986, p. 37): "(...) pelejar por exato dá erro contra a gente".

3. ALTERNATIVA PARA DESLITERALIZARMOS

> O inferno não são os outros, pequena Halla. Eles são o paraíso, porque um homem sozinho é apenas um animal. A humanidade começa nos que te rodeiam, e não exatamente em ti. Ser-se pessoa implica a tua mãe, as nossas pessoas, um desconhecido ou sua expectativa. Sem ninguém no presente ou no futuro, o indivíduo pensa tão sem razão quanto pensam os peixes. Dura pelo engenho que tiver e perece como um atributo indiferenciado do planeta. Perece como uma coisa qualquer.
> Valter Hugo Mãe, 2018, p. 57

3.1. Compreensão e aprendizado das relações fraternas

Verificamos, nos capítulos anteriores, que o modo de ser da paranoia é uma restrição quanto à conexão com o *nous*, com a metáfora que religa e desconstrói literalidades. Aprendemos literalidades em relações hierárquicas e autoritárias em que o outro é concebido como inimigo a ser eliminado. Para uma compreensão do como aprendemos esse modo de relacionar, refletiremos sobre as relações fraternas e seus desdobramentos para um início de aprendizado sobre nossas literalidades e desliterarizações.

A literatura e mitologia sobre as relações fraternas é extensa. Temos diversas histórias tanto de fratricídio (Caim e Abel) quanto de cooperação (Castor e Pólux). Na sociedade em que vivemos, a irmandade não é levada em consideração para pensarmos modos de ser no mundo. Infelizmente, a Psicologia ainda se pauta, com muita exclusividade, pelas relações paternais e maternais para realizar uma leitura das dores e sofrimentos do homem.

As relações maternas e paternas são primárias e importantes, mas não bastam para compreendermos diversos fenômenos do mundo contemporâneo, como, por exemplo, a violência física, psicológica e simbólica para com o diverso, a alteridade. Na história do homem, a relação com o(s) irmão(s) é a primeira experiência que se tem para o aprendizado de lidar com o diverso. Diverso com o qual se convive cotidianamente, na horizontalidade e simetria de posição e aprendizado.

O foco nas relações verticais parentais tem privado a Psicologia de se posicionar em um estudo mais aprofundado sobre a importância das relações fraternas na constituição de horizontalidades para se habitar o mundo e cuidá-lo a partir de irmandades.

Como transformar a literalidade da violência, da exclusão do diferente, do desabrigo a exilados, do *bullying*, das relações afetivas líquidas, da alta incidência de suicídio e diversos outros fenômenos contemporâneos se não nos ativermos ao modo como são construídas as relações entre irmãos?

Como divulgar a importância da fraternidade se apenas reproduzimos relações verticais? Se focamos diversos problemas psicológicos no outro, desconsiderando a importância do terceiro incluído na relação?

Em uma cultura que privilegia a verticalidade das relações, o terceiro incluído, implicado na existência do irmão, é concebido como intruso, invasor, diferente, aquele que vai levar a perda da primazia. Em outras palavras, um literal inimigo.

Essa percepção é decorrente de um recorte do olhar para que as teorias científicas psicológicas e positivistas continuem a não serem questionadas em seus limites históricos e, consequentemente, as famílias e grupos continuem a justificar seus problemas a partir da legitimação dessas teorias.

Nesses contextos, alguém sempre será o problema, pois como não aprendemos a incluir o terceiro, ele será visto como o causador de algum dano à verticalidade relacional. Afinal, nessa verticalidade o terceiro é sempre um inimigo e não uma diferença.

Pensamos ser este um dos fundamentos que sustentam a dificuldade da fraternidade: a recusa em repensar as relações verticais que constituem a base de nossas famílias e poderes, famílias estas que educam e ensinam irmãos a se relacionarem da mesma forma, ou seja, com uma competição para exclusão e não para a cooperação.

Aliás, se pensarmos, até as relações entre mães e pais são de competição para exclusão, pois não existe a anterioridade da fraternidade, da amizade, da irmandade entre homens e mulheres. Por mais que tenhamos caminhado na história da humanidade, a diferença ainda é ameaçadora à ordem verticalizada de posicionamentos relacionais. A metáfora ainda é reduzida ao signo.

Como podemos desenvolver a qualidade estruturante da metáfora, do outro, expressa pelo significado de fraternidade, para o ser se realizar autenticamente no mundo?

Segundo Gustavo Barcelos (2009, p. 10), no livro *O irmão – Psicologia do arquétipo fraterno*,

> Fraternidade não é unificar diferenças; é diferenciar semelhanças. A experiência da alteridade é inquietante, desafiadora, e começa com o irmão. O campo do Outro é vasto, cheio de prazeres e dores. Tanto do ponto de vista pessoal, quanto do ponto de vista coletivo, as possibilidades do arquétipo fraterno são imensas: solidariedade, companheirismo, amizade, associações, cooperação, en-

> tendimento, lealdade, aceitação. Também são grandes suas feridas: rivalidade, inveja, hostilidade, autoritarismo, guerras civis, intolerância, preconceito.

Percebemos como a fraternidade - baseada nas relações verticais - é lida como unificação das diferenças, e nisto reside boa parte da dificuldade que temos para estabelecermos relações de irmandade com o outro, pois ele passa a ser visto e posicionado como impedidor de nossa individuação.

Assim, nos perguntamos: qual o verdadeiro impacto da fraternidade na individuação, constelada pela aparição simbólica do irmão - seja este de sangue ou não? Como pode um irmão oferecer contornos à minha individualidade e à minha ação no mundo?

A relação entre irmãos é uma relação de alma e não de obediência (como é a de pai e mãe). Nesse sentido, Barcellos (2009) afirma que a irmandade é um amor pelo mundo. Em outras palavras, é pela irmandade que assimilo e aprecio a diversidade, a semelhança na diferença. Esse movimento é fundante para a alma, pois é por ele que adentramos no mundo da ética (oferecer morada ao outro) e da não literalidade

> É na relação com o irmão que se constrói a base emocional para outros relacionamentos horizontais de intimidade que estabelecemos na vida adulta, o que traz para a individuação muitas vezes a dura tarefa de

> re-constituir ou re-elaborar as relações com nossos irmãos e irmãs. Neste nível, é com eles que aprendemos a nos relacionar. Afinal, em nenhuma outra relação os paradoxos emocionais de intimidade e distância, longe e perto, igual e diferente estão tão aparentes e imediatos como na relação entre irmãos. (BARCELLOS, 2009, p. 17)

Quando saímos de nossas referências meramente paternais e verticais percebemos que, na relação com o irmão, estamos autorizados a nos autorizar. Aqui se tem uma mudança radical do conceito de autoridade, ou seja, não como obediência ao outro, mas como autorização do ser e de ser.

Em nossa cultura baseada na literal verticalidade, isso ainda é visto como uma disfunção, pois ainda somos primários quanto a autorizar diferenças. Ainda buscamos unificação das diferenças. Se não buscássemos unificação, não teríamos tantos problemas de ciúme, inveja, rivalidades, exclusões e diversos processos de adoecimento pelas restrições das possibilidades para ser.

É a irmandade que funda a *polis*, que busca as semelhanças (alimento imprescindível para a alma), que trabalha a horizontalidade (um modo de aprofundar nas relações saindo da submissão – autoritarismo).

Citando Barcellos (2009, p. 42-43):

> A alma anseia por comunidade (...) busca por uma experiência profunda de comunidade como uma de suas necessidades mais fortes. A solidão - (...) - é a grande ferida, a grande queixa, que surge do esquecimento, da negligência ou mesmo da deturpação e da perversão dessa necessidade. Então percorremos, uma após outra, as igrejas, as organizações, as instituições, os grupos, as vizinhanças em desespero e não com uma perspectiva de alma.

Percebemos, pela citação, que um dos adoecimentos do mundo contemporâneo, em especial a paranoia, dá-se pela inexistência de comunidade, de *polis*, onde possamos ser acolhidos com outros referenciais culturais e relacionais que nos respalde em nossa fome de semelhança e não do literal poder autoritário.

Não é possível vivenciar pertenças, projetar futuros, constituir mundo, estabilizar cotidianos e desmontar o *Self* para o envelhecimento se não temos o aporte da fraternidade, se não temos comunidades que nos respalde para podermos ser passagem: expressão maior da horizontalidade das relações humanas e elemento imprescindível para lermos-ouvirmos fora das literalidades que nos aprisionam.

3.2. RESGATE DO *NOUS* ATRAVÉS DA POESIA

Conheceremos um modo de resgatar o *nous* através do uso da poesia como um recurso terapêutico. Sendo metáfora, a poesia nos permite trabalhar sentimentos difíceis de admitirmos, principalmente quando somos adeptos das literalidades, suas razões e vaidades.

A compreensão dos sentimentos que nos constitui nas afecções relacionais, e suas expressões na poesia, possibilitam uma apropriação do ser e suas intencionalidades de sentidos de um modo não ameaçador.

A poesia é alternativa para nos revermos e ressignificarmos; para aproximarmos de nossas condições humanas de modos mais compassivos e acolhedores.

Para nos compreendermos em nossos emparedamentos e desligamentos necessitamos de olhares que nos devolvam à *poiesis*, ao *nous*.

CANTO 81
Fragmento

O que amas de verdade permanece, o
resto é escória
O que amas de verdade não te será
arrancado
O que amas de verdade é tua herança
verdadeira

Mundo de quem, meu ou deles ou não
é de ninguém?
Veio o visível primeiro, depois o
palpável Elíseo, ainda que fosse nas
câmaras do inferno,
O que amas de verdade é tua herança
verdadeira
O que amas de verdade não te será
arrancado

A formiga é um centauro em seu
mundo de dragões.
Abaixo tua vaidade, nem coragem
Nem ordem, nem graça são obras do
homem,
Abaixo tua vaidade, eu digo abaixo.
Aprende com o mundo verde o teu
lugar
Na escala da invenção ou arte
verdadeira,
Abaixo tua vaidade,
Paquin, abaixo!
O elmo verde superou tua elegância.
"Domina-te e os outros te suportarão"
Abaixo tua vaidade
Tu és um cão surrado e largado ao
granizo,
Uma pega inchada sob um sol instável,
Metade branca, metade negra
E confundes a asa com a cauda

Abaixo tua vaidade
Que mesquinhos teus ódios
Nutridos na mentira,
Abaixo tua vaidade,
Ávido em destruir, avaro em caridade,
Abaixo tua vaidade,
Eu digo abaixo.

Mas ter feito em lugar de não fazer
Isto não é vaidade
Ter, com decência, batido
Para que um Blunt abrisse
Ter colhido no ar a tradição mais viva
Ou num belo olho antigo a flama
inconquistada
Isto não é vaidade.
Aqui, o erro todo consiste em não ter feito.
Todo: na timidez que vacilou.
(POUND, 1985, p. 202-203)

A vaidade é um dos sentimentos que sustentam a literarização dos significados. Segundo Myra Y Lopez (1972, p. 49-50), a vaidade é uma das máscaras do medo. O medo, em seu anagrama, nos remete a *demo*.

- MEDO = DEMO

Nossos medos e seus demônios nada mais são que as cisões ou divisões entre o que achamos que o outro irá aprovar e nosso verdadeiro sentido de vida, entre o que é considerado verdade por uma hegemonia e os valores que guiam e sustentam nossa dimensão espiritual.

Quando nos cindimos e nos desligamos do que nos faz sentido, habitamos o profano e, um dos modos de defesa para não nos rendermos à realidade de nossa cisão é entrarmos na vaidade.

Neste contexto, a vaidade é um modo de expressão de como perdemos o sagrado, ou seja, o que nos integra em sentidos de vida baseados em valores do espírito.

"O que amas de verdade permanece e nunca te será arrancado."

Para sustentar uma verdade por vaidade, por razão, abrimos mão de uma dimensão psicológica saudável em que o valor maior é o acolhimento de nossos valores em um aprofundamento do espírito, do *nous* que habita a cada um de nós.

Quando abrimos mão do valor maior - o amor ao que amamos de verdade -, entramos na vaidade, no adoecimento.

"O que amas de verdade permanece, o resto é escória

O que amas de verdade não te será arrancado

O que amas de verdade é tua herança verdadeira."

No próximo tópico conheceremos um modo de adoecer quando se abre mão do que espiritualmente nos constituí: a constante descoberta e sustentação de nossos sentidos de vida.

4. ESTUDO DE CASO

Em diversos encontros, congressos, simpósios e grupos sobre Psicopatologia fenomenológica existe uma constante demanda de estudos de casos, exemplos de uma aplicabilidade da teoria em situações do cotidiano. Por meio deles, pode-se compreender como se constrói uma reflexão que possibilita um ausentar-se do pé-da-letra dos diagnósticos e seus significados já dados.

A dialogia da Psicopatologia com a Fenomenologia e o Existencialismo é uma tarefa que requer um tipo de reflexão não linear, uma certa ousadia em buscarmos a apreensão de sentidos e significados por outros vieses, sem o reducionismo aos princípios psicológicos de uma ciência positivista. Por esse motivo, o uso da metáfora, o não fechamento do olhar às questões comportamentais são tão importantes.

Sem a metáfora, a *poiesis*, não apreendemos o homem como ser de abertura, como quem que significa a partir do vivido, mas que pode e necessita transcender tais significados.

Trabalhando com possibilidades, e não com destinos determinados, um estudo de caso nessa perspectiva precisa identificar as dimensões que estão obstruídas por literalidades e resgatar os recursos de possibilidades do ser através das metáforas para que ele se compreenda como início.

No caso específico, apresentado a seguir, as metáforas utilizadas baseiam-se na literatura, em mitos e músicas que oferecem recursos de outros olhares para a dor que se faz presente no percurso da história da pessoa.

Esse recurso metafórico propicia reflexões por insinuar, sem afirmar nem negar, reflexões que permitam ressignificações do vivido a partir do tempo e compreensão de cada um. Essa é uma das características de uma metáfora: permitir transcendências sem a ameaça e a pressa dos reducionismos literais presentes em diagnósticos clássicos dos processos de adoecimentos do ser humano.

A partir de agora refletiremos sobre um estudo de caso em que o ressentimento e a mudez - presente em um sintoma de gagueira - expressam a tonalidade e um modo de ser no mundo sustentado pelo privilegiar do poder e ausência da metáfora. Este estudo de caso é ficcional, bem como a personagem e a problemática apresentada, sendo qualquer semelhança com realidades de vida uma mera coincidência.

Pessoa do sexo feminino, 23 anos, formada em Fisioterapia. Os pais eram religiosos de uma igreja anglicana. A família era composta pelos pais, uma filha (no caso a cliente) e um irmão, considerado o filho predileto do pai.

R. procurou a psicoterapia pela gagueira e por não estar se saindo bem na profissão. Em sua história de vida, R. apresentava um temor enorme de não agradar e sentia culpa quando não cumpria com a expectativa do outro. Apresentava um constante sentimento de perda em relação ao irmão por não ser reconhecida pelo pai.

Segundo R., ela não queria crescer, pois ficar grande significa ter que ser perfeita, forte e dar conta de tudo. Para ela, fraqueza e fragilidade eram sinais de incompetência e de falta. Via sua gagueira como a grande expressão de sua nulidade.

Além da gagueira ser a expressão de sua nulidade, ela ainda apresenta uma enorme vergonha do corpo. Tinha horror em mostrar as pernas, pois elas não são perfeitas (tortas) e têm muito pelo. Não queria ser mulher. Quando do desenvolvimento dos seios, batia neles por ódio de se perceber mulher e estar crescendo.

Pergunta de base:

- Como transformar sua gaga mudez em possibilidade da narrativa integrativa de si mesma?

REFLEXÕES PARA UMA COMPREENSÃO DO CASO R.

Para buscarmos uma compreensão do caso, iremos primeiramente definir, a partir das vivencias de R., o que seja a mudez.

No livro *Drama barroco alemão,* Walter Benjamin (1984) afirma: "(...) por ser triste a natureza humana é muda".

A natureza humana, por ser decaída, tem uma tendência à mudez, a qual nada mais é que a relutância em comunicar-se. A concepção do homem como um ser decaído se traduz em uma constante vivência de luto. O enlutado sente-se inteiramente conhecido pelo incognoscível. Ele não pode nomear e ser nomeado, pois ser nomeado traz sempre consigo um pressentimento do luto, ou seja, de ser conhecido e de sair da constrição, o que pode gerar culpa instalada no corpo, como o demoníaco se expressando através de um desejo de abertura.

A vivência de constrição é o pano de fundo de R. Ela apresenta uma mudez gaga por estar constantemente colocando-se à sombra de, por não poder se nomear.

O conceito de constrição considerado neste estudo é de um apego exacerbado à ordem social dada, em que a pessoa desenvolve um formalismo, uma polidez e uma cortesia que interdita qualquer contato humano, o que é vivenciado como perda, fragilidade e desconsideração para consigo mesmo.

Para melhor compreendermos essa mudez, retornaremos à reflexão sobre o conto Maria Mutema, presente no livro *Grande sertão: veredas*, de Guimarães Rosa (1986), trabalhado em capítulo anterior deste livro.

Relembrando, Maria Mutema era uma mulher que sempre se vestia de preto e era de pouco falar. Sua confissão mentirosa ao padre Ponte (afirmando que matara o marido por fogo de amor ao padre) foi uma confirmação do falso para edificação do mal. o mal nada mais é do que aquilo que fica parado e detido. Sua redenção foi colocar para fora o que havia feito e sua transformação só foi possível pela explicitação do ato e, a partir disto, pela mobilidade e fluidez da vivência detida.

Segundo Walnice Galvão (1972), a mentira que presentifica o mal implica a certeza de pequenas paradas e constrições que se ganha ou se tenta ganhar, dentro da incerteza geral que é o fluir, onde tudo se transforma, onde uma coisa sai de outra e desta outra sai outra. Tentar parar este fluir é tarefa do Diabo.

O objetivo dessas pequenas paradas e certezas (gagueira de R.) é a obstrução da comunicação: manter a certeza para se obter a primazia pelo sacrifício violento da não transformação.

É o que identificamos no caso de R.: não se nomear para ser nomeada pelo outro (regra, lei, guia, etc) e perpetuar o determinismo da marca da natureza humana como decaída e má (ódio de ser mulher). Isso é um modo, em uma cultura patriarcal e religiosa, de transferir a responsabilidade de seu destino para um outro e se livrar da percepção do mal. Pois, ao assim fazer, o mal é do outro.

Na condução das sessões percebemos que essa é a pureza de R., ou seja, o máximo da reprodução social no quesito da perfeição e não fragilidade. Sua gagueira torna-se a expressão da ausência de si por estar fora da estereotipia social da qual participa o irmão e o pai, mas nunca ela. O irmão é melhor e ela "apenas uma mulher". Aqui aparecem as literalidades das relações verticais em detrimento à irmandade e a redução ao signo corporal (mulher) como símbolo de inferioridade. Este modo de apreender a realidade impedia R. de construir sua autenticidade.

Ser autêntico é ter aberturas para ser fora da unicidade dessa reprodução social. R., ao reproduzir tal certeza e crença cultural, deseja ser o mesmo, ou seja, ser a própria assimilação da cultura e valores do pai, a ponto de sentir nojo de ser mulher. A busca pelo mesmo, pela pureza, leva a uma falsa consciência de si e a pessoa torna-se facilmente divisível, ou seja, ela sempre usa dois pesos e duas medidas para se avaliar: quer ao mesmo tempo o reino e a manutenção da alma.

Neste caso, a pureza de R. consiste na busca da inteira imobilidade de modo a realizar o perfeito e não o possível. Nesse contexto de pureza e perfeição, a falta é constantemente evidenciada.

Para novas percepções sobre a evidência da falta, recorremos ao mito de Eco e Narciso.

Eco é uma ninfa que se apaixona por Narciso, mas ele a despreza. Diante desse desprezo, ela se pergunta o que está lhe faltando. Ela não percebe que nada lhe falta. Ela não percebe que o outro é quem deseja ter o domínio sobre ela e vice-versa.

Tornamo-nos Eco quando o outro, ao não conversar conosco, ao não nos olhar e considerar, leva-nos a um problema falso: leva-nos a perguntar o que está nos faltando. Quando fazemos essa pergunta, já temos todos os pressupostos de menos valia, ou seja, achamos que nos faltam qualidades. Ao sentirmos que algo nos falta, enlouquecemos e colocamo-nos insistentemente atrás do outro para que ele nos diga o que nos falta (aqui o objetivo é agradar acima de tudo).

Nesses momentos, tornamo-nos Eco do outro e languidescemos, perdemos as forças, enfraquecemos, gaguejamos, debilitamo-nos, definhamos. O recurso é nos transformarmos em pedra, enrijecermos até consumirmo-nos a ponto de nos restar apenas resquícios de vozes gagas. ando desejamos reconhecimento total do outro para confirmarmos nossa bondade nos tornamos Eco.

Eco, neste contexto, é a expressão maior da imobilização - símbolo da regressão e passividade - e evocação da sombra, e de Golem, que é mudo. Ao não conseguir transformar o contido, retido e vil, a pessoa (tal como R.) entra no ressentimento e no desejo de vingança.

Compreenderemos a vingança quando acessamos o mito de Medéia e algumas músicas de Chico Buarque, em seu álbum *Gota d'água.*

A tragédia de Medéia se desenvolve frente a um desenlace amoroso. Pelo modo como estabelece sua relação com Jasão, desenvolve um ânimo de ódio e vingança. Medéia era uma princesa bárbara que possuía conhecimentos de feitiços e os usava para conseguir o que queria. Jasão era um grego que se tornou amante de Medéia mediante a promessa dela de ajudá-lo a conquistar o velocino de ouro.

O relacionamento já se inicia em condições desiguais. Medeia é bárbara e feiticeira, e Jasão, grego. O casamento deles não foi aceito em função dessa diferença. Além disso, Medeia - por ser feiticeira e facilitar a conquista do velocino de ouro - coloca-se na condição de salvadora de Jasão. Nesse papel, ela teria comprado o marido e, em função da salvação, garantiu para si um estabelecimento social, o prestígio de ser casada e morar na Grécia, bem como de ser reconhecida como Pitonisa.

Medeia acreditava ser dona de Jasão. Cria que, tendo ela o salvado, ele lhe deveria gratidão eterna. Apoiava-se na certeza de que o outro nunca iria desagradá-la, pelo consequente reconhecimento de que lhe devia. Nesta relação, em que o outro está em débito em nome da salvação, a concepção de amor é fundada na obediência incondicional.

Se obedeci, também você deverá me obedecer. Se me despojei de minha terra e minha gente por você, deve me reconhecer e ser eternamente grato. Mediante este modo de pensar e da expressão de um pacto, já que as condições de relação não foram esclarecidas, todo e qualquer desagrado será lido como desobediência e traição. E foi o que ocorreu. Quando Jasão escolhe outra esposa, Medéia sente-se traída, injustiçada, humilhada, pois Jasão a desobedeceu e a frustrou em suas vontades. Pela renúncia de sua terra e sua gente, Medéia sentiu-se vítima e revestiu-se do direito de exigir a restituição de sua dignidade.

Tinha direito à vingança como forma de provar que ela era dele e vice-versa.

Medéia canta:

> Quando olhaste bem nos olhos meus e teu olhar era de adeus
> Juro que não acreditei, eu te estranhei, me debrucei
> Sobre o teu corpo e duvidei
> E me arrastei e te arranhei
> E me agarrei nos teus cabelos
> No teu peito, teu pijama
> Nos teus pés ao pé da cama
> Sem carinho, sem coberta
> No tapete atrás da porta e reclamei baixinho
> Dei pra maldizer o nosso lar
> Pra sujar teu nome, te humilhar
> E me vingar a qualquer preço
> Te adorando pelo avesso
> Pra mostrar que ainda sou tua
> Só pra provar que ainda sou tua
>
> (BUARQUE; PONTES, 1977)

Eis que surge a questão do juramento: "juro que não acreditei". Para Medeia, a promessa estava ligada a um pacto de obediência e não a uma vinculação na confiança e na espera ativa. Quando Jasão não corresponde às suas expectativas, ela estranha e duvida: "será que terá coragem de ser o que não quero que seja?". Diante da existência do outro tal como ele é, Medeia, ao não conseguir a obediência, sente-se inferiorizada e humilhada (se arrastou) e, ao perder o poder sobre Jasão, sente, junto com a humilhação, o ódio que a leva a arranhar e agarrar.

Em relações de desigualdades, Medeias sentem-se por baixo, diminuídas, desfeitas, vítimas, desamparadas (sem carinho, sem coberta, no tapete atrás da porta). Diante da traição vivida, ela reclama e começa a maldizer o outro, a demoli-lo como forma de denegrir sua imagem frente aos olhos dos outros para que ele fosse visto como culpado e horrendo, e ela garantisse sua inocência de vítima.

Medeia se vinga para garantir a inocência, isto é, para mostrar ao outro que ele é o responsável por sua infelicidade. Ela fará isto até provar que ainda é dele, ou seja, que ele é responsável por sua vida. Após cantar a música *Atrás da porta,* Medeia se enfurece e no desespero de não conter a vontade do outro mostra-lhe sua mágoa:

> Já lhe dei meu corpo, minha alegria,
> Já estanquei meu sangue, quando fervia
> Olha a voz que me resta,

Olha a veia que salta,
Olha a gota que falta,
Pro desfecho da festa, por favor
Deixe em paz meu coração,
Que ele é um pote até aqui de mágoa,
E qualquer desatenção, faça não,
Pode ser a gota d'água.
(BUARQUE; PONTES, 1977)

Medeia expressa sua renúncia, seu despojamento, sua incondicionalidade ao dar o corpo, a alegria e mostrar o quão pouco lhe resta. Nesse contexto, surge a mágoa, por não se ver tão exclusiva mesmo após tantas renúncias. Na mágoa, Medeia se contorce em tormentos que dão a ela o direito de maldizer a vida, deprime-se, deseja a morte, enche-se de dó e, cada vez mais, perde-se ao afundar em ressentimentos e desesperanças. Mais uma vez, se faz vítima inocente e pede a incondicionalidade de mais um dia, usando os filhos como álibi para essa postergação do ódio:

Pra mim basta um dia
Não mais que um dia
Um meio dia
Me dá só um dia
Que faço desatar a minha fantasia
Só um belo dia
Pois se jura, se esconjura
Se ama, se tortura

Se tritura, se atura e se cura a dor
Na orgia
Da luz do dia
É só o que eu pedia
Um dia pra aplacar
Minha agonia
Toda sangria
Todo veneno
De um pequeno dia
Só um Santo dia
Pois se beija, se maltrata
Se come, se mata
Se arremata, se acata e se trata
A dor na orgia
Da luz do dia
É só o que eu pedia
Um dia pra aplacar minha agonia
Toda sangria,
Todo veneno de um pequeno dia.
(BUARQUE; PONTES, 1977)

Para permanecer na inocência, no mando, no ajuizamento do outro, Medeia pede um dia para aplacar seu veneno e vingança. Na astúcia de fazer-se condicional, de ter mudado de orientação, de ter reconhecido sua sede de mando, finge bondade como forma de ganhar tempo e executar o projeto de sua vingança.

Ela simula não ser adversária para aproximar hostilmente do inimigo e sacrificá-lo. Essa dissimulação aparece no fazer-se amiga para aproximar e matar tudo que é significativo a Jasão. Medéia chama Jasão e mente sobre suas mudanças de orientação:

> Quando você me deixou meu bem
> Me disse pra ser feliz e passar bem
> Quis morrer de ciúmes, quase enlouqueci
> Mas depois como era de costume, obedeci
> Quando você me quiser rever
> Já vai me encontrar refeita, pode crer
> Olhos nos olhos
> Quero ver o que você faz,
> Ao sentir que sem você eu passo bem demais
> E que venho até remoçando, me pego cantando
> Sem mais nem porque
> E tantas águas rolaram
> Quantos homens me amaram
> Bem mais e melhor que você
> Quando talvez precisar de mim
> Você sabe que a casa é sempre sua venha sim
> Olhos nos olhos
> Quero ver o que você diz
> Quero ver como suporta
> Me ver tão feliz.
> (BUARQUE; PONTES, 1977)

Medéia diz de seu ciúme, de sua loucura e de como - em consideração ao outro - ela obedeceu. Mais uma vez, se purifica ao se colocar na obediência, no sacrifício e ainda oferecer ajuda àquele que tanto a humilhou. Para ela, a dignidade estava em manter o outro como culpado fingindo amizade. Com essa atitude continuava sendo a pessoa bem-intencionada que só praticaria o mal em nome de fazer justiça.

Em nome da justiça ela se vinga, matando as pessoas significativas da vida de Jasão (a noiva e os próprios filhos). Com a vingança quita o débito do mal que o outro lhe fez, ao não ser incondicional tal como desejava. Em Medéia, o bem se justapõe à incondicionalidade e obediência, enquanto o mal significa a necessidade de se construir a partir das próprias orientações de sentido.

Sua vingança tem por objetivo permanecer na pureza de não se construir e se preferir, transferindo a culpa e responsabilidade para o outro. Essa é a mudez ressentida de Medeia.

A partir deste mito, percebemos que o grande problema das relações de desigualdades e vinganças é a negação da finitude ou um problema com a temporalidade e o cuidado. Toda relação de poder e dominação tem por objetivo manter a ilusão da infinitude expressa no ser exclusivo e insubstituível. Quem se submete, ilude o outro de que é grande, poderoso, exclusivo e infinito. Aquele que domina ilude o submisso de que sempre o protegerá da própria morte, da construção e cuidado da própria vida.

Esse é o pano de fundo do ressentimento. Re-sentir é próprio de uma negação da temporalidade e de uma busca de poder como forma de fazer justiça e quitar débitos.

No caso de R., ela se ressente, ao perceber que não tinha o poder de mando e primazia como o irmão e o pai. O ódio ao corpo (bater nos seios) era o modo de expressar um ser-no-mundo inferiorizado, diminuído e interditado de construir uma narrativa para si própria. Sua gagueira, além de expressão de sua mudez, era o recurso para lembrar constantemente a falta, e diante desta, lembrar-se da dor. Dor própria e dor que iria gerar no outro ao lembrar-lhe que ele era o responsável por sua infelicidade. Neste contexto, a gagueira dizia de uma busca de justiça (equiparação entre credor e devedor), e não existe justiça maior do que infringir dor a alguém.

Compreendendo a partir de citações de Nietzsche (1983):

> Mas, como pode a dor compensar as dívidas? Muito simplesmente: o fazer sofrer causava um prazer imenso à parte ofendida: fazer sofrer! Isto era uma verdadeira festa! Tanto mais grata, repito, quanto maior era o contraste entre a posição do credor e do devedor. ... A vingança conduz-nos ao mesmo problema: "Como é que o fazer sofrer

> pode ser uma reparação?" ... a crueldade era o gozo favorito da humanidade primitiva e entrava como ingrediente em quase todos os seus prazeres..." (Nietzsche, p. 58-59)

> Ver sofrer, alegra; fazer sofrer, alegra mais ainda: há nisto uma antiga verdade humana, demasiado humana, ... Sem crueldade não há gozo, eis o que nos ensina a mais antiga e remota história do homem; o castigo é uma festa. (Nietzsche, p. 60)

> Re-sentir é reagir. Reagir é próprio da moral dos escravos que opõem um não a tudo que não é seu; este não é o seu ato criador. Esta mudança total do ponto de vista é própria do ódio: a moral dos escravos necessitou sempre de estimulantes externos para entrar em ação; a sua ação é uma reação. (p. 30)

Reagir como modo de ser-no-mundo interdita a fala, a comunicação, a negociação, o esclarecimento, a construção. Reagir é reproduzir um gesto arcaico que nada cria; é permanecer prisioneiro de uma vingança imaginária (pensa no outro o tempo todo, ocupa cada pensamento e ação com a outra pessoa e não consigo). Essa é a mudez de Maria Mutema, a paralisação e petrificação de Eco, a ira de Medeia e a gaga mudez de R. O resultado desses emudecimentos é sempre o mesmo: a perda de si (mudez, eco e morte).

Diante das evidências desses significados vividos, como podemos ajudar a pessoa a se encontrar após tantas literarizações e desligamentos de si? Um dos modos de encontrar a si e transformar a mudez é através da narrativa.

A filósofa Dulce Critelli (2007, p. 87) nos diz que "(...) as coisas só existem quando aparecem para o testemunho dos homens".

Essa afirmativa é importante, pois refere-se à partilha dos sentidos do viver. Imaginem se vivêssemos as coisas e não tivéssemos ninguém com quem falar, com quem partilhar aquela revelação, com quem coexistir? Sem isso, não seríamos seres de comunicação e não poderíamos significar o que vivenciamos por não termos a partilha, o testemunho que nos permite ser manifestação na vida. O testemunho nos consolida e torna nossa existência concreta diante do outro. É isso que nos possibilita nos compreendermos, compreendermos o mundo e as outras pessoas. Sem o testemunho não poderíamos participar da realidade e teríamos a constante sensação de que não existimos.

Nesse sentido, testemunhar é trazer o vivido e transformá-lo pelo simples ato de dizer, de significar e de possibilitar ao outro também participar da compreensão com as próprias experiências. Por isso, a filósofa nos diz:

> (...) aquele que compreende algo é sempre um novo si mesmo a partir de cada novo

> desvelamento. O outro que testemunha o que a pessoa descobriu é, desde então, ele mesmo, outro, renascido, por abrir-se a outra dimensão das coisas, da existência. (CRITELLI, 2007, p. 87)

Podemos perceber que o testemunho nos protege da loucura, da insensatez, do desvario, pois existe algo a ser dito e alguém a nos confirmar, a dar respaldo à realidade de nossa existência. É por envolver o movimento de desvelar vivências de um adoecer, de manifestar a presença dessa experiência como pertencente à condição humana, de buscar semelhanças com outras pessoas e de encontrar aqueles que reafirmem ressonâncias desse viver, que o testemunho se torna uma arte de viver.

Narrar a própria história é o recurso que nos cabe diante desta travessia, é nosso ato de amor (MAGNABOSCO, 2017).

Na narrativa, devemos distinguir entre **História pessoal** - que é um conjunto de fatos, acontecimentos e experiências de uma pessoa - e **história Pessoal** - que é uma seleção e organização das lembranças (MOLINA-LOZA, 2000).

> A história Pessoal estaria constituída pela seleção específica e particular, realizada por cada pessoa. Nela estariam concentradas aquelas lembranças referentes às experiências de sua vida, por ela escolhidas. Essa seleção será primeiro adaptada e, a seguir,

> organizada e hierarquizada segundo a própria pessoa. Cada indivíduo outorgaria, pois pesos, medidas e valores diferentes aos acontecimentos de sua vida. Isso explicaria porque uma mesma experiência vivida conjuntamente por duas pessoas pode ser arquivada nas suas lembranças de formas tão diversas: com mais ou menos brilho, mais ou menos intensidade, por um lado, e ter consequências tão diferentes, por outro.
> O terapeuta vive momentos em que busca com empenho na História pessoal (as realidades que produzem essas representações) e, em outros, em que dará importância fundamental à história Pessoal (à maneira como os homens representam a realidade em que vivem). Há uma coexistência das duas histórias, o fato de que se reconheça a existência da segunda não elimina a primeira. (MOLINA-LOZA, 2000, p.30) ver espaço

Segundo Certeau (1995 apud MOLINA-LOZA, 2000), todos temos um processo de seleção:

> Em historia tudo começa com o gesto de selecionar, de reunir, e dessa forma, transformar em documentos determinados objetos distribuídos de outra forma. Essa nova repartição cultural é o primeiro trabalho. Na realidade, ela consiste em produzir tais documentos, pelo fato de recopiar, transcrever e fotografar esses objetos mudando, ao

mesmo tempo, seu lugar e seu estatuto. Esse gesto consiste em isolar um corpo tal como se faz em física. Forma a coleção. (p. 30-33)

Em se tratando de terapia, esse processo de seleção é efetuado em dois momentos diferentes: um é aquele realizado, de forma inconsciente, pelo cliente, ao relatar sua história. O outro é realizado pelo terapeuta quando ouve, ou seja, quando faz escuta histórica. Esta segunda adquirirá uma importância particular, pois o terapeuta trabalha a partir de uma construção histórica (a história Pessoal) que lhe é apresentada pelo cliente, para chegar a uma reconstrução histórica, que será sua própria seleção-reelaboração daquilo que escutou. (p. 34)
Cada pessoa decide o que fala segundo com quem fala. O terapeuta decide quem ele é quando escuta. (p. 35)

O discurso não vem da boca... Vem do ouvido. Ouvir é: Selecionar, organizar, hierarquizar e atribuir pesos e medidas àquilo que ouve. Ouvir é construir uma narrativa. Ouvir, para qualquer pessoa é uma decisão, mas o terapeuta, mais do que ninguém, deve ouvir aquilo que decide. O novo relato que é proposto pelo terapeuta deve ser mais belo que o relato do cliente. Ele deve sentir a beleza da narrativa.
(p. 37)

Podemos perceber que a narrativa nos indica a intencionalidade de consciência e consequente significação dada pelo cliente à sua história pessoal. O terapeuta ouve o significado dado ao vivido e o devolve de modo a propiciar a compreensão do cliente sobre como ele coloriu a vivência.

Na narrativa, a palavra é apenas uma janela para a abertura das portas do significado. Necessitamos sensibilidade para não nos atermos apenas à janela, pois compreensão implica abrir portas. Sem a abertura de portas não se tem comunicação. Abrir janelas é importante, pois nos permite ver o que tem fora, mas uma gagueira necessita da transformação da literalidade em sonoridades do ser. A pessoa precisa atravessar o portal, o adro da igreja, a margem, para que possa articular linguagens próprias, isto é, redimir-se diante da própria contenção, o não conhecimento de si e se nomear.

Em uma narrativa terapêutica, o mais importante para possibilitarmos abrir portas é o ouvir. Não foi à toa que Maria Mutema matou o marido com chumbo derretido no ouvido, que Eco petrificou e só repetia as últimas palavras do que diziam, que Medéia matou a própria criação (filhos) como vingança. Essas metáforas referem-se à importância do ouvir significados e não de reproduzir bolas de chumbo paradas, pois elas são a representação da mentira, da interrupção do que é fluído e vital.

Em seu processo, que durou mais de 2 anos, R. compreendeu sua gagueira e, mesmo dedicando um tempo ao fonoaudiólogo para melhorar sua fala, não mais se emudeceu por ter conseguido ouvir seu nome. Tal como Aurélia, do conto de Clarice Lispector - *Ele me bebeu* -, R. conseguiu, através da compreensão da dor e dificuldade de falar, perceber que ela era Nas-ci-men-to.

Aqui termina o processo terapêutico e inicia a trajetória de R. com outros sentidos que irão ser cuidadosamente construídos em suas relações consigo, com os outros e com o mundo, sempre prestando atenção às literalidades tão cobiçadas por ela e por cada um de nós.

CONCLUINDO

Com estes estudos, reflexões e contextualizações sócio-históricas, culturais e psicopolíticas, percebemos que todos somos fortes adeptos da paranoia. Uma cultura que ainda prima pela razão objetiva; que associa verdade a demonstrações do fato em si; que considera o valor do homem pelo que ele pode ter sob seu controle e apresentação de resultados; que legisla, mas não oferece condições de possibilidades para ampliações de movimentos na vida; espera que sejamos todos escravos de delírios interpretativos. Tais delírios são próprios da negação da intersubjetividade, da irmandade como condição para nos abrirmos a outros mistérios e *poiesis*, a tempos de convivências onde a inter e coexistência implica a necessidade de reconhecimento do mistério do outro para transcendermos em prol de nossas humanizações.

Em uma frase:

A paranoia é a expressão do quanto erramos contra nós ao nos desligarmos de nossos sentidos de vida em nome de uma razão!

Desejo que a leitura do livro possibilite transcendências. Afinal, não basta transgredir; necessitamos transcender.

REFERÊNCIAS

ANASTÁCIO, Sílvia Maria Guerra; SILVA, Célia Nunes. *As narrativas e o processo de recriação do sujeito*. Salvador: Edufba, 2008.

ARENDT, Hannah. *A condição humana*. Rio de Janeiro: Forense, 1987.

BARCELLOS, Gustavo. *O irmão - Psicologia do arquétipo fraterno*. Rio de Janeiro: Vozes, 2009.

BENJAMIN, Walter. *O drama barroco alemão*. São Paulo: Brasiliense, 1984.

BUARQUE, Chico; PONTES, Paulo. *Gota d´água*. Rio de Janeiro: RCA Victor, 1977

CAMPELL, Joseph. *Isto és Tu*. São Paulo: Landy, 2002.

CARDOSO, Lucio. Crônica de uma casa assassinada. São Paulo: Civilização Brasileira, 1999.

CHAUÍ, Marilene. O sentido das paixões. São Paulo: Cia das Letras, 2009.

CHI MINH, Ho. *Diário de prisão* . Rio de Janeiro: Editora Difel, 1970.

CRITELLI, Dulce Mára. *Analítica do sentido*: uma aproximação e interpretação do real de orientação fenomenológica. 2. ed. São Paulo: Brasiliense, 2007.

DA MATTA, Roberto. *Carnavais, heróis e malandros*. S.P: Rocco, 1997.

DOSTOIEVSKI, F. *Humilhados e ofendidos*. São Paulo: Editora 34, 2018.

ERICKSON, Erik. *Identidade, juventude e crise*. Rio de Janeiro: Zahar, 1976.

FRANKL, V. *Em busca de sentido*: um psicólogo no campo de concentração. São Paulo: Vozes, 1994.

FROMM, Erich. *Anatomia da destrutividade humana*. R.J: Guanabara, 1978.

GADAMER, H. *Antropologia filosófica*. Vol. I. São Paulo: EPU, 1977.

GALVÃO, Walnice. *As formas do falso*. São Paulo: Perspectiva, 1972.

GEERTZ, Cliford. *A interpretação das culturas*. Rio de Janeiro: Guanabara, 1989.

HAN, Byuing Chul. *La sociedad de la transparência*. Barcelona: Herder, 2013.

HEIDEGGER. *Ser e tempo*. São Paulo: Vozes, 1974.

HILLMAN, James. *Paranóia*. Rio de Janeiro: Vozes, 2016.

JAPIASSÚ, Hilton; MARCONDES, Danilo. *Dicionário básico de Filosofia*. 5. ed. Rio de Janeiro: Zahar, 2008

LISPECTOR, Clarice. *A via crucis do corpo*. Rio de Janeiro: Rocco, 1974.

MÃE, Valter Hugo. *O paraíso são os outros*. Rio de Janeiro: Biblioteca Azul, 2018.

MAGNABOSCO, Maria Madalena. *Outras palavras em Psicopatologia*. Belo Horizonte: Ophicina de Arte & Prosa, 2016.

MIN, Ho Chi. *Diários de prisão*. Rio de Janeiro: Difel, 1971.

MYRA Y LOPES. *Os quatro gigantes da alma*. São Paulo: José Olympio, 1972.

MOLINA-LOZA, Carlos Arturo. *Eu não sabia... mas Clio me contou*. Belo Horizonte: Artesã, 2000.

NIETZSCHE, F. *A genealogia da moral*. Lisboa: Guimarães Editora, 1983.

MERLEAU-PONTY, Maurice. *O homem e a comunicação (A prosa do mundo)*. Rio de Janeiro: Boch, 1974.

POUND, Erza. *Poesia*. São Paulo: Hucitec, 1985.

ROSA, Guimarães. *Grande sertão*: veredas. Rio de Janeiro: Nova Fronteira, 1985.

SAFRA, Gilberto. *A po-ética da clínica contemporânea*. Aparecida, SP: Ideias e Letras, 2004

Este livro foi composto com tipografia Book Antiqua e impresso
em papel Lux cream 70g. na Gráfica Del Rey.